Timo Schöber

eSports in Gesellschaft und Politik

Vom Sportbegriff, über Vorurteile bis zum Verbandswesen

Bibliografische Information der Deutschen Bibliothek

Die Deutsche Bibliothek verzeichnet diese Publikation in der Deutschen Nationalbibliografie; detaillierte bibliografische Daten sind im Internet über *http://dnb.ddb.de* abrufbar.

Dollerup: Flying Kiwi Media GmbH 2020

ISBN 978-3-940989-41-3

Herstellung:

Flying Kiwi Media GmbH
Schulstr. 5 - 24989 Dollerup
Tel.: (0 46 36) 97 68 299
Fax: (0 46 36) 97 68 298
Email: info@flying-kiwi.de
www.flying-kiwi.de

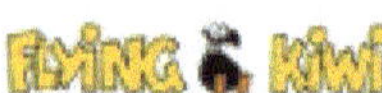

Satz, Layout, Cover: Jonas Walter;
Gaming-Grounds.de

Cover-Fotoquelle: Jörg Gruner;
graystonefotography.de

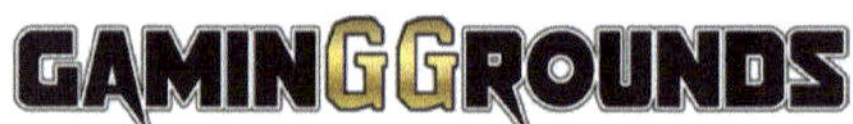

Timo Schöber

eSports in Gesellschaft und Politik

Vom Sportbegriff, über Vorurteile
bis zum Verbandswesen

Inhalt

Inhalt

1. Vorwort

Der elektronische Sport, eSports genannt, ist ein sehr komplexes Themenfeld mit unterschiedlichen Teilgebieten. Nicht zuletzt aufgrund meiner ehrenamtlichen Tätigkeit für den eSports Nord e.V., habe ich immer wieder festgestellt, dass die politische Arbeit zum eSports nicht immer ganz einfach ist.

Der eSports Nord e.V. ist ein Verein, der sich ehrenamtlich und auf Gemeinnützigkeit ausgelegt für den eSports in Gesellschaft, Politik, Bildung und der Wirtschaft starkmacht. Im Verein bin ich unter anderem für die politische Kommunikation zuständig, nicht zuletzt, weil ich selbst viele Jahre Mitglied einer großen Partei gewesen bin.

Dabei gilt es unterschiedliche Aufgaben wahrzunehmen. Grundlegend ist die politische Arbeit auf kommunaler Ebene sowie im Land. Das bedeutet, dass Vorträge in Ratsfraktionen gehalten werden oder Besuche im Landtag anstehen. Eine derartige Basisarbeit ist wichtig, um den eSports über die Politik in die Gesellschaft zu tragen. Selbstverständlich nur als unterstützendes Element. Vereine wie der eSports Nord e.V. veranstalten und unterstützen selbst Events, die den eSports in der Gesellschaft bekannt machen und zum Thema aufklären.

Was bedeutet das konkret? In erster Linie Vorträge bei kommunalen und regionalen Politikern, Parteiverbänden und Fraktionen.

Hier wird Aufklärung hinsichtlich des Themas betrieben:

- Was ist eSports?
- Was unterscheidet eSports und Gaming?
- Welche Genres und Disziplinen gibt es?
- Welche Chancen gibt es?
- Sport: Ja oder nein?
- Strukturen, Clans und Verbände
- Infrastruktur und Räumlichkeiten
- Welche Risiken existieren?

Dabei spielt in aller Regel mehr der Breiten- als der Profisport eine Rolle, vor allem im Hinblick auf finanzielle Fördermöglichkeiten.

Darüber hinaus leisten Vereine auch Arbeit auf Bundesebene, gerade und vor allem via Internet. Es werden Fachartikel auf Szeneseiten oder anderen Plattformen geschrieben, Vorträge gehalten und an Podiumsdiskussionen teilgenommen.*

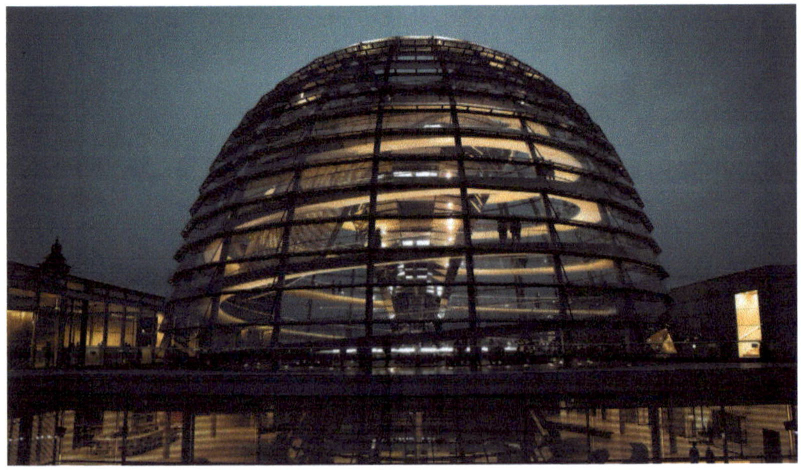

Wichtig ist diese politische Arbeit vor allem aufgrund folgender Faktoren:

- Forcierung der Anerkennung des eSports als Sport
- Schaffung und Nutzung von Fördermöglichkeiten für den Breitensport, die Forschung und Sozialisierungspunkte, wie zum Beispiel Vereinsheime
- Aufklärung der Volksvertreter zum Thema
- Schaffung von Akzeptanz und Verständnis
- Verbesserung der öffentlichen Wahrnehmung

Noch wird eSports in der Gesellschaft sehr ambivalent wahrgenommen. Gerade in Deutschland sind Vorbehalte und Vorurteile gegenüber dem eSports aber noch sehr ausgeprägt.

Spiele wie Fortnite* etwa zeigen deutlich negative Begleiterscheinungen des Gamings, die auftreten können. Dass Gaming und eSports aber nicht das Gleiche sind und Fortnite als Spiel selbst in der eSports-Szene hochumstritten ist, wissen dabei die wenigsten.

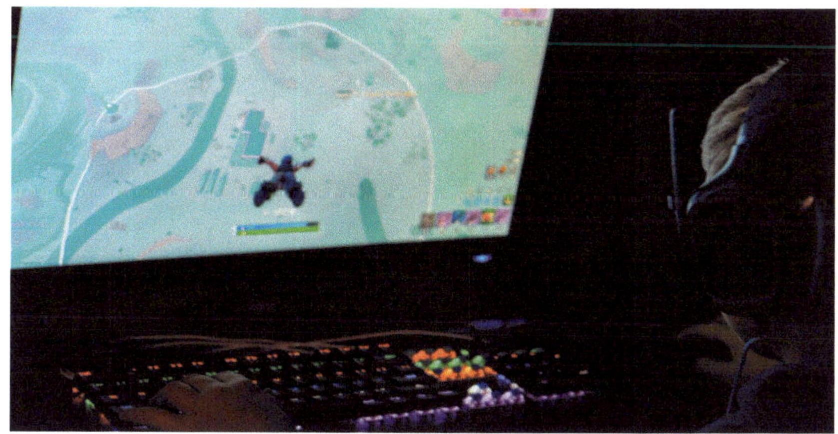

* Bild: Alex Haney, unsplash.com

Dieses Buch wird die Arbeit, die im Rahmen der politischen Kommunikation von Beratern, Vereinen und anderen für den eSports geleistet wird, verschriftlichen und so für jeden zugänglich machen. Darüber hinaus wird einiges an Grundlagenwissen zum eSports vermittelt.

Für Rückfragen und Anregungen stehen Interessierten das Institut für Ludologie in Person von Prof. Dr. Jens Junge und der Autor dieses Buches, Timo Schöber, gerne zu Verfügung:

Prof. Dr. Jens Junge
junge@ludologie.de
www.ludologie.de

Timo Schöber
mail@timoschoeber.com
www.timoschoeber.com

2. Abgrenzung des Begriffs „eSports“

In der politischen und gesellschaftlichen Arbeit ist häufig festzustellen, dass die Begriffe „eSports“ und „Gaming“ unzulässigerweise vermengt werden.

Der Deutsche Olympische Sportbund (DOSB) hat sogar eigens die Wortkreation „eGaming“ geschaffen, um eine Ausdifferenzierung vorzunehmen, die einerseits unzulässig, andererseits auch nur in Deutschland vorhanden ist, somit also eine Minderheitenmeinung abbildet. Hierzu mehr im Verlauf dieses Buches.

Das exzessive Spielen von Videogames* kann erhebliche Negativfolgen haben. Das ist für den eSports insofern relevant, als dass die Begriffe „Gaming“ und „eSports“ häufig verwechselt oder gar als Synonyme verwendet werden – obwohl sie zwei völlig unterschiedliche Phänomene beschreiben. Krankhaftes, missbräuchliches Gaming kann Suchtverhalten, Übergewicht und soziale Isolation nach sich ziehen.

Videospielsucht ist sogar als Krankheitsbild anerkannt. Gemäß Weltgesundheitsorganisation ist die Abhängig von Computerspielen eine mentale Störung (6C51 Gaming disorder).

---

* Die Begriffe Videospiel, Videogame und Computerspiel werden in diesem Buch teilweise als Synonyme verwendet. Es ist mir bewusst, dass Videospiel/Videogame alle digitalen Spiele meint, etwa auf dem PC, Konsolen und Smartphones, während das Wort Computerspiel vorwiegend digitale Spiele auf Computern/PCs meint.

Zwar gilt auch bei Videospielen im Bereich des Gamings, dass nur die allerwenigsten Spieler abhängig oder anderweitig negativ betroffen sind, dennoch ist auch aufgrund möglicher Negativfolgen des Gamings eine Abgrenzung zum eSports an dieser Stelle notwendig.

eSports beschreibt das wettbewerbsorientierte Spielen von Videogames. Es geht also um Leistung, den Willen zum Sieg, die Teilnahme an Wettbewerben und vielerlei Begleiterscheinungen, die den eSports deutlich vom Gaming abheben.*

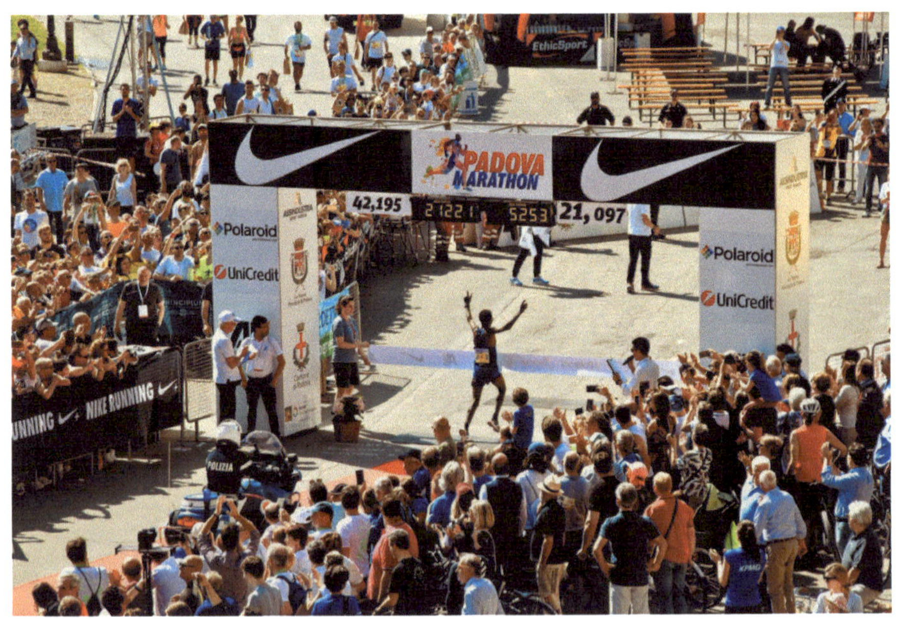

* Bild: Pietro Rampazzo, unsplash.com

Derlei Begleiterscheinungen sind sportliche Aspekte, etwa Trainingspläne, Ausgleichssport, Teambesprechungen, Kommunikation und Analysen.

Kurz: eSports beschreibt das wettbewerbsorientierte Spielen von Videogames unter sportlichen Aspekten.*

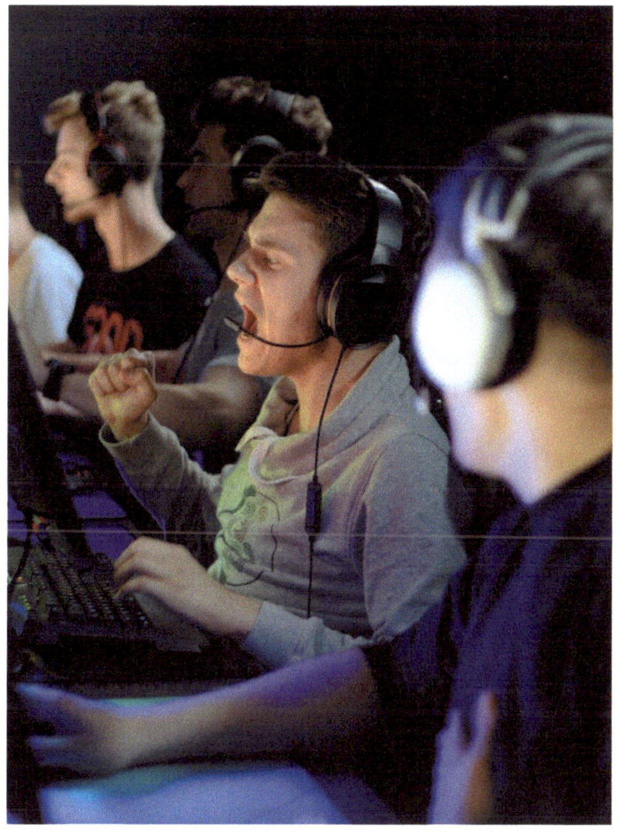

* Bild: Anthony Brolin, unsplash.com

3. eSports als Sport

bdt0315 4 sp 273 dpa 0965

Sportpolitik/Deutschland/Berlin/E-Sport/
Experten üben Kritik am E-Sport-Rechtsgutachten des DOSB =

Berlin (dpa) - Spieleforscher eines Berliner Instituts haben scharfe Kritik an einem vom Deutschen Olympischen Sportbund (DOSB) in Auftrag gegebenen Rechtsgutachten geübt, das die Anerkennung von E-Sport als Sport ablehnt. Alle vom DOSB gegen den E-Sport ins Feld geführten Argumente seien «obsolet und inhaltlich nicht haltbar», hieß es am Mittwoch in einer Stellungnahme der Berliner SRH Hochschule für Kommunikation und Design. Das dortige Institut für Ludologie forscht zu allen spielwissenschaftlichen Phänomenen.

In dem DOSB-Rechtsgutachten hieß es, dass der Begriff Sport «durch die langjährige Rechtssprechung im traditionellen Sinne der Anforderungen an die Körperlichkeit konkretisiert» sei. Jegliches Spiel an der Konsole falle nicht unter diesen und sei «kein Sport im Sinne des geltenden Rechts». Der Gemeinnützigkeit des E-Sports als Sport erteilt das Gutachten deshalb eine Absage.

«Der DOSB lehnt E-Sport ab, versucht dies nun aber anhand kruder Verengungen auf bestimmte Definitionsmerkmale hinsichtlich des Sportbegriffs auf rechtliche Beine zu stellen. Das macht in meinen Augen vor allem deutlich, dass der DOSB seine Felle davonschwimmen sieht», sagte Instituts-Sprecher Timo Schöber. Der DOSB habe Angst, «dass der E-Sport an Fördertöpfe des klassischen Sports gelangen möchte.» Der DOSB sollte sich klar zum E-Sport als Sport bekennen.

Vor allem die Definition des Begriffes Sport durch die Körperlichkeit stellt das Institut mit Blick auf DOSB-Mitglieder wie Billard, Dart, Minigolf, Schach und Schützensport massiv in Frage. «Von einer umfassenden Körperlichkeit kann bei diesen Sportarten vollständig oder in Teilen weniger die Rede sein als beim E-Sport», hieß es in der Erklärung. Gerade beim Schützensport stelle sich die Frage, warum das Schießen mit echten Waffen für den DOSB sportethisch in Ordnung zu sein scheint, Shooter-Spiele wie «Counter-Strike» oder gar Strategiespiele wie «League of Legends» aber nicht.

3.1 Ist eSports als Sport zu sehen?

Wenn ich von sportlichen Aspekten als Teil der engeren Wortdefinition von „eSports" schreibe, dann gehört eSports als Disziplin offensichtlich in den Kanon des Sports.

Warum ist dem aber so?

eSportler im Profibereich schaffen bis zu 400 asynchrone Aktionen pro Minute (APM). Das bedeutet, dass sie die linke und die rechte Hand unterschiedlich bewegen und bis zu 400 Befehle und Steuerungsaktionen pro Minute an Maus und Tastatur vollführen. Bei Konsolenspielen oder dem Mobile eSports sind die APM-Zahlen in der Regel etwas geringer.

Spieler im Wettbewerb müssen hochkonzentriert sein, feindmotorische Höchstleistungen abrufen und Aufgaben aus den Bereichen Multitasking, Marko- und Mikromanagement sowie Genauigkeit bewältigen.

Das ist eine enorme Anstrengung für Körper und Geist. Der Cortisol-Spiegel* dieser Spieler ist vergleichbar mit jenen von Formel 1 Rennfahrern. Puls und Herzfrequenz können fast denen von Marathonläufern entsprechen. All dies sind Untersuchungsergebnisse unter anderem der Sporthochschule Köln.

---

* Cortisol ist ein Stresshormon.

Selbst, wenn man Sport auf körperliche Aspekte reduzieren würde, wäre eSports eindeutig ein Sport. Allerdings ist Sport vielmehr als nur Körperlichkeit:

- Feste Regeln und Spielziele
- Kommunikation und Teamplay
- Fairplay
- Umfassende Strukturen und Organisiertheit
- Wettkampforientierung
- Trainingspläne
- Analysen von Gegnern, Spielen und dem Meta
- Vorbereitung auf Gegner und Wettbewerbe
- Planung eines geregelten Tagesablaufs (Ernährung, Ausgleichssport)
- Ambivalenz und Spannung
- Symbolhandeln
- Gegenwartsbezogenheit
- Nichtalltäglichkeit
- Freiheit und freiwillige Teilnahme
- Nichtnotwendigkeit
- Wiederholbarkeit und Unendlichkeit
- Zweckfreiheit, aber Sinnstiftung
- Selbstwirksamkeit, Selbstbewusstsein und Identitätsstiftung
- Ästhetik

Alle diese Punkte spielen in die Sportdefinition hinein – und all diese Punkte finden sich im eSports.

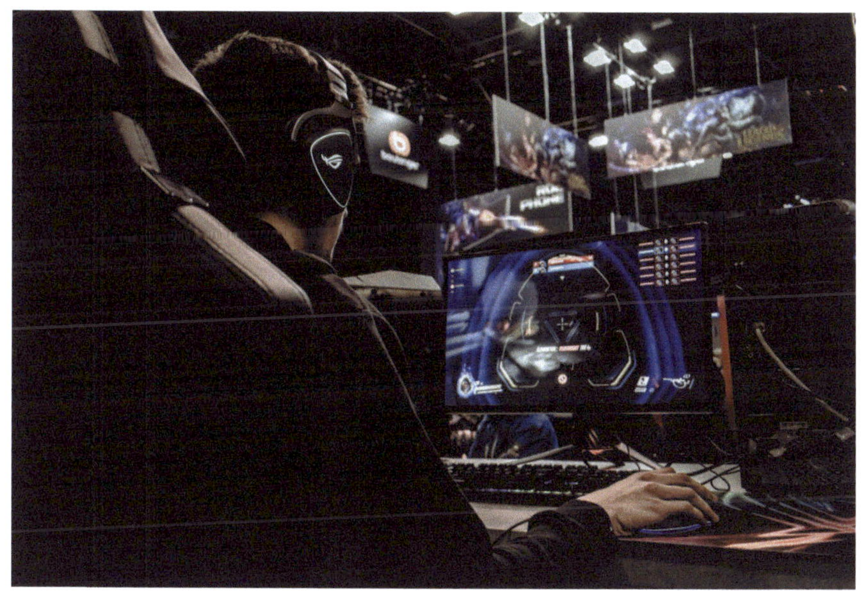

Während Spiel- und Sportwissenschaft sich zumeist ziemlich einig bei der grundsätzlichen Einordnung des eSports* als Sport sind, existiert in Deutschland ein Verband, der dies anders sieht – der DOSB.**

3.2 Der DOSB

Der DOSB ist der Dachverband des deutschen Sports, in dem sich Verbände unterschiedlicher Sportarten organisieren.

Die Besonderheit an Deutschland ist, dass es in Deutschland keine Sportministerien wie in anderen Ländern gibt.

* Bild: Florian Olivo, unsplash.com

** DOSB steht für Deutscher Olympischer Sportbund

Was Sport ist und was nicht entscheidet von offizieller Warte also kein Parlament, Minister, Volksvertreter oder politischer Prozess – sondern einzig und alleine der DOSB. Diese Entscheidungen fallen oft nicht anhand objektiver Parameter, sondern vielmehr im Interesse machtpolitischer und oft auch ideologischer Überlegungen.

Der DOSB steht dem eSports insgesamt skeptisch bis offen ablehnend gegenüber. Trotz sport- und spielwissenschaftlicher Erkenntnisse erteilt der DOSB dem eSports regelmäßig eine Absage, wenn es um die Aufnahme des eSports in den deutschen Sport geht.

Darüber hinaus versucht der DOSB den eSports aufzuspalten: „eSports" seien nur Sportsimulationen, „eGaming" alles andere, also etwa Strategiespiele oder Shooter.

Damit hat der Verband bewiesen, dass es ihm bei der Sportdebatte hinsichtlich des eSports gar nicht um ein ergebnisoffenes Gespräch geht. Schließlich definiert sich eSports nicht als Sport, weil Sport auf dem Monitor dargestellt werden würde, sondern weil vor dem Bildschirm und abseits des Monitors Definitionsmerkmale des Sportbegriffs erfüllt werden, wie im vorherigen Kapitel dargelegt worden ist.

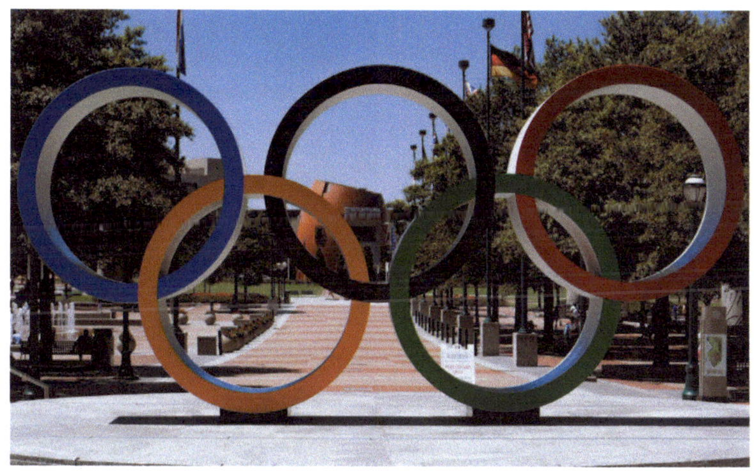

Während andere Länder, vor allem in Asien, bereits diskutieren, dass eSports olympisch* werden soll, tut man sich in Deutschland aufgrund reaktionärer Denkmuster oft schwer.

So ist man hierzulade weit davon entfernt eSports in die Strukturen des DOSB aufzunehmen, während der elektronische Sport gleichzeitig bei den Asienspielen 2018 vorgestellt worden ist – und 2022 gar offizieller Teil der Wettbewerbe sein wird.

* Bild: Bryan Turner, unsplash.com

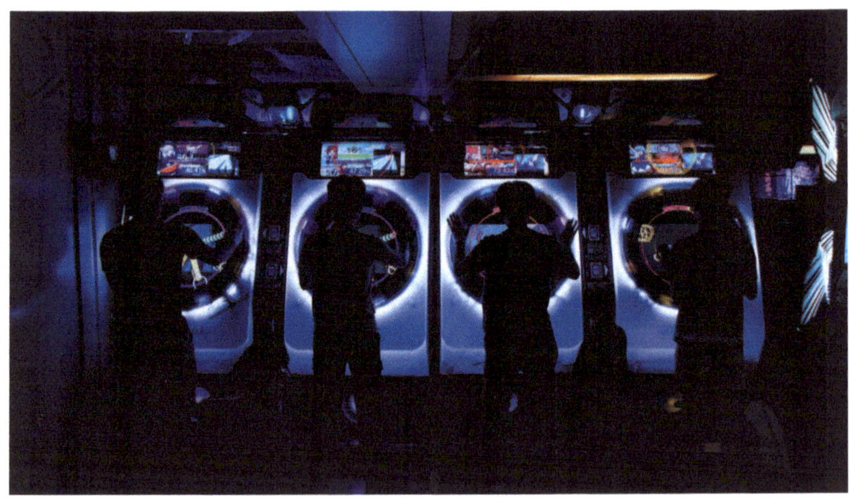

Die Asienspiele sind nichts anderes als olympische Spiele, gemünzt auf den asiatischen Kontinent.*

Der DOSB unterschätzt dabei vor allem, dass Olympia den eSports über kurz oder lang brauchen wird – nicht andersherum. Insofern, sowie aufgrund des demografischen Wandels, wird eSports mittelfristig im DOSB integriert werden. Je mehr Zeit bis dahin verstreicht, je größer wird der Rückstand Deutschlands diesbezüglich auf andere Länder.

* Bild: Lysander Yuen, unsplash.com

4. Vorurteile

Videospieler im Allgemeinen und eSportler im Speziellen sehen sich von Gesellschaft und Politik häufig Vorurteilen ausgesetzt. „Die Spielen doch nur am Computer“, „die sind alle dick und haben keine Freunde“ oder „pizzaessende Energytrinker“ sind diffamierende Aussagen, die man im Bezug auf Gaming und eSports häufiger hört.

Dass diese Vorurteile nicht richtig sind, wird beispielhaft in diesem Kapitel verdeutlicht.

4.1 Killerspiel-Debatte

Als „Killerspiel“ oder „Ballerspiel“ werden in Gesellschaft und Politik häufig Spiele des Shooter-Genres bezeichnet. Dabei werden unterschiedliche Unter-Genres miteinander vermengt, etwa Arenashooter und Taktikshooter.

Die öffentliche Debatte zu „Killerspielen“ findet spätestens seit dem Jahre 2002 in Deutschland statt. Am Gutenberg-Gymnasium in Erfurt begeht ein ehemaliger Schüler ein schwerwiegendes Verbrechen. Bei seinem Amoklauf sterben 16 unschuldige Menschen.

Schnell rückten vor allem Politiker „Killerspiele“ in den Vordergrund als mögliche Ursache der Tat.

Medien und Öffentlichkeit griffen diese Annahme schnell auf und so entstand förmlich eine mediale Hetzjagd gegen vor allem den Taktikshooter Counter-Strike. Wie Untersuchungen später ergaben, hatte der Täter überhaupt kein Interesse an Counter-Strike.

Das ist ein sehr eindringliches Beispiel, um aufzuzeigen, dass Vorurteile auf Täter schlimmer Verbrechen projiziert werden und somit als ursächlich für deren widerliche Taten gelten.

Seit dem Erscheinen von Counter-Strike (Betas*, 1999) gab es in Deutschland bis zum Jahre 2018 insgesamt zwölf Straftaten, die als Amoklauf zu werten sind. Bei fünf Tätern, also circa 40%, wurden Shooter-Spiele zuhause gefunden. Vier dieser Täter befanden sich in psychologischer Behandlung oder waren mental vorbelastet. Lediglich der Täter aus Erfurt hatte Shooter bei sich zuhause (kein Counter-Strike) und war zuvor aus psychologischer Sicht unauffällig gewesen.

Ursächlich für seine Tat waren aber nicht Shooter, sondern sein persönliches, schulisches Versagen. Der ehemalige Schüler des Gutenberg-Gymnasiums war sechs Monate vor der Tat wegen Urkundenfälschung der Schule verwiesen worden.

---

* Betas oder Beta-Phasen sind frühe Versionen eines Spiels, die genutzt werden, um das Spiel zu testen und etwaige Fehler zu entfernen.

Es wird deutlich, dass kein signifikanter Zusammenhang zwischen Gewalttaten und Shootern besteht. Auch die renommierte Universitätsklinik Hamburg-Eppendorf kommt in einer Studie zu diesem Ergebnis:

> *„Der oft angeführte negative Einfluss von Gewalt-Videospielen auf das Verhalten der Spieler lässt sich wissenschaftlich nicht nachweisen.“*[*]

Auch die Begriffe „Killerspiel“ und „Ballerspiel“ sind grundsätzlich falsche Bezeichnungen für Shooter. Bei vielen Shootern, insbesondere Taktikshootern, geht es primär nicht um das Abschießen oder Töten von Gegnern, sondern um das taktische und strategische Vorgehen als Team. Es geht um Kommunikation, Zusammenspiel und kreative Ideen. Auch bei vielen Arenashooter spielen vielerlei Aspekte ins Spiel hinein, die über Sieg oder Niederlage entscheiden, etwa Timing und Mapcontrol.[**]

Die diffamierende Reduzierung von Shootern aufs Töten von Gegnern ist daher an vielen Stellen unzulässig. Beim eSports, also dem wettbewerbsorientierten Spielen, sind vorstehend genannte Vorurteile noch viel unsinniger, da hier weniger als beim Gaming das eigentliche Spiel und viel mehr der Wettkampf im Vordergrund steht.

---

* Heise, abgerufen am 14.01.2020: https://www.heise.de/newsticker/meldung/Studie-Gewalthaltige-Computerspiele-machen-nicht-aggressiv-3996952.html.

** Der Begriff Mapcontrol beschreibt, dass ein Spieler die Karte (Map), auf der gespielt wird, unter Kontrolle hat, also wichtige Schlüsselpositionen besetzt.

4.2 Soziale Isolation

Videospieler gelten in der Gesellschaft häufig als isolierte Einzelgänger, die den ganzen Tag im Keller hocken. Eine Untersuchung der Technisch-Naturwissenschaftlichen Universität Norwegens hat sich das Sozialverhalten von jungen Videospielern angeschaut.*

Die Ergebnisse dieser Studie sind für Menschen, die sich regelmäßig mit Videospielen befassen, vermutlich wenig überraschend:

„Die Zeit, die männliche Kinder und Jugendliche mit Videospielen verbrachten, wirkte sich nicht auf ihre sozialen Kompetenzen aus."

Bei sozial isolierten Jugendlichen sei die Kausalität oft umgekehrt, als viele erwarten würden. Diese Jugendlichen würden Videospiele spielen, weil sie zuvor bereits sozial isoliert gewesen sind – und sie seien nicht sozial isoliert, weil sie Videospiele spielen würden.

Beim eSports verstärkt sich die Entkräftung des Vorurteils noch, da die allermeisten eSports-Titel im Team und oft auch offline** gespielt werden.

---

* Gamestar, abgerufen am 14.01.2020: https://www.gamestar.de/artikel/keine-hinweise-auf-beeintraechtigung-des-sozialverhaltens-studie-befindet-videospiele-als-unschaedlich,3343284.html.

** Der Begriff offline beschreibt, dass etwas vor Ort stattfindet.

4.3 Übergewicht

Viele Videospieler müssen sich oft anhören, dass ihr Hobby sie „dick“ und „träge“ machen würde.

Da die Begleiterscheinungen von Videospielen mittlerweile gut untersucht sind, existieren auch zu diesem Themenkomplex sehr interessante Zahlen, die das vorgebrachte Vorurteil widerlegen.

Ein Bericht der Weltgesundheitsorganisation (WHO) von 2018 besagt, dass 65% der deutschen Männer und 50% der deutschen Frauen übergewichtig sind.* Das bedeutet, dass Übergewicht in Deutschland ein gesamtgesellschaftliches Problem ist.

Wie sieht es aber bei Videospielern aus? Sind diese dicker als der Rest der Bevölkerung? Forscher der Universitäten Linz und Würzburg kommen zu einem eindeutigen Ergebnis:

*„Bei Kindern und Jugendlichen fanden die Forscher gar keinen Zusammenhang. Weniger als ein Prozent des Gewichts bei Erwachsenen lasse sich demnach auf Videospiele zurückführen.“***

---

* WHO, abgerufen am 15.01.2020: https://www.welt.de/gesundheit/article181498488/Uebergewicht-WHO-Studie-Deutsche-Maenner-werden-immer-dicker.html.

** DPA-Meldung, abgerufen beim ZDF am 15.01.2020: https://www.zdf.de/nachrichten/heute/videospiele-und-uebergewicht-zockende-kinder-sind-nicht-dicker-100.html.

Auch hier gilt, dass das Vorurteil durch die Erfordernisse des eSports weiter entkräftet wird. „Ein gesunder Geist in einem gesunden Körper", das weiß schon der Volksmund. Das gilt auch für den eSports.

Beim eSports geht es um Wettbewerb. Dementsprechend sollte ein Spieler auch körperlich topfit sein, um den Belastungen von Trainings und Wettbewerben standhalten und bestmögliche Leistungen abrufen zu können.

4.4 Sucht

Die Abhängigkeit von Videospielen ist ein inzwischen anerkanntes Krankheitsbild – und das zurecht, denn es gibt Menschen, die süchtig nach Videospielen sind.

Eine Studie der DAK hat ermittelt, dass 15,4 Prozent der Kinder und Jugendlichen suchtgefährdet sind, was aber nicht heißt, dass sie süchtig sind. Im Umkehrschluss bedeutet dies zusätzlich: 84,6 Prozent sind nicht suchtgefährdet.*

Das Potenzial zum missbräuchlichen Nutzen einer Sache gibt es fast bei allem. Dennoch bleibt festzuhalten, dass auch Videospiele süchtig machen können, wenn jemand die Veranlagung dazu hat.

---

* DAK-Studie, abgerufen bei der Tagesschau am 15.01.2020: https://www.tagesschau.de/inland/computerspiele-studie-101.html.

Obwohl auch dies weniger für den eSports und mehr für das Gaming gilt, weil beim eSports aufgrund ganzheitlicher Trainingspläne kaum Raum für Sucht bleibt, haben vor allem eSports-Vereine im Bereich des Breitensports dieses Problem erkannt. Solche Vereine bieten Schulungen zur Suchtprävention und zur Vermittlung von Medienkompetenzen an.

4.5 Fazit Vorurteile

Insgesamt kann festgehalten werden, dass die Vorurteile gegenüber Videospielen, die oft in der Gesellschaft zu hören sind, nicht haltbar sind.

Beim eSports verstärkt sich dies noch, weil es beim eSports nicht nur ums Spielen, sondern auch um Analysen, Kommunikation, traditionellen Sport als Ausgleich und vieles mehr im Rahmen einer Wettbewerbsorientierung geht.

5. Politik und eSports

Auch, wenn Politik aufgrund des besonderen Status des DOSB in Deutschland nur eingeschränkt Einfluss nehmen kann, ist der politische Diskurs zum Thema eSports enorm wichtig.*

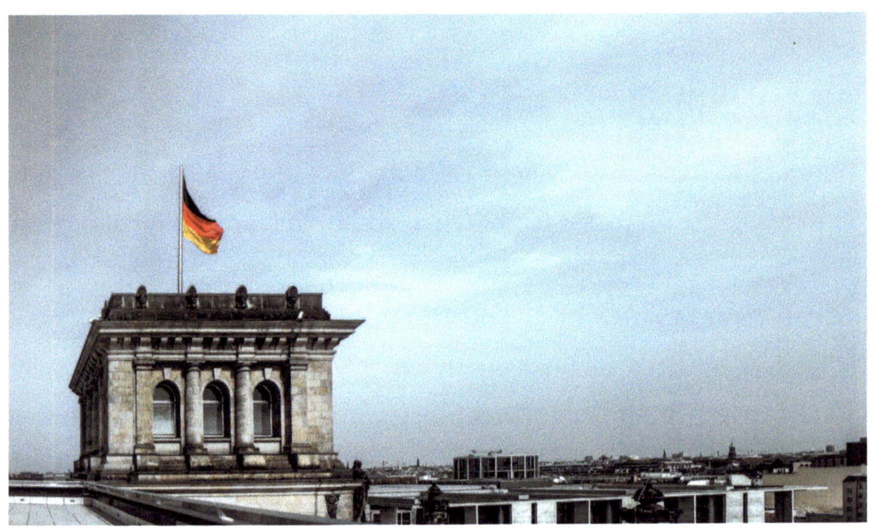

Politische Diskussionen und Debatten forcieren das Thema in der Gesellschaft und der öffentlichen Wahrnehmung. Außerdem können politische Entscheidungsträger unterschiedliche Projekte anstoßen, etwa Förderungen für Einrichtungen. Darüber hinaus können sich Parteien als Diskussionspartner des DOSB verstehen.

* Bild: Ansgar Scheffold, unsplash.com

5.1 Anerkennung als Sport

Auf Bundesebene hat es eSports offiziell in einen Koalitionsvertrag geschafft. CDU, CSU und SPD waren sich 2018 einig: eSports solle als Sport mit einer olympischen Perspektive anerkannt werden.

Kurze Zeit später war davon nicht mehr viel zu hören:

*„In der heutigen Anhörung des Sportausschusses sind die Dynamiken und Entwicklungen des eSports in Deutschland deutlich geworden. Dazu gehört auch die Erkenntnis, dass eSport bis auf wenige Ausnahmen nicht den Ansprüchen einer Sportart genügt."**

- Detlev Pilger, sportpolitische Sprecher der SPD-Fraktion

Viel schlimmer hätte der Wortbruch von Seiten der Politik gegenüber dem eSports nicht sein können. Auch auf Landesebene ist dieses Phänomen leider kein unbekanntes.

Im nördlichsten Bundesland, namentlich Schleswig-Holstein, wird eSports inzwischen gefördert – immerhin mit 500.000 Euro im Jahr 2019. Ursprünglich angedacht war eine Förderung aus Sporttöpfen, realisiert wurde das Ganze dann über die Wirtschaftsförderung. Warum?

---

* SPD, abgerufen am 14.01.2020: https://www.spdfraktion.de/presse/pressemitteilungen/esport-nicht-gleich-sport.

Der Ministerpräsident des Landes Daniel Günther (CDU) vollzog die sogenannte Kieler Kehrtwende, nachdem er über einen längeren Zeitraum vom Landessportverband (LSV) bearbeitet worden war. Auf der Webseite des LSV heißt es im Hinblick auf den Besuch Günthers beim Empfang anlässlich des Verbandstages im Juni 2019*:

„Ministerpräsident Daniel Günther fand großes Interesse und deutliche Zustimmung beim LSV-Vorstand und den Delegierten des Verbandstages für seine klaren Aussagen zum kontrovers diskutierten Thema „eSports". Sein Blick auf das Thema habe sich nach zahlreichen informativen und aufklärenden Gesprächen inzwischen verändert. Die gemeinsame Auffassung der Landesregierung sei, dass man die Einstellung des Landesssportverbandes Schleswig-Holsteins und des Deutschen Olympischen Sportbundes teile, wonach eSport, eigentlich nur das sein kann, was sich aus real existierenden Sportarten ableite und in die virtuelle Welt übertragen werde. Dies könne, wenn man es klug anginge, auch wissenschaftlich basiert, seiner Meinung nach auch einen Mehrwert für den Sport bedeuten. Der Ministerpräsident bekräftigte auch, dass definitiv das, was er als eGaming bezeichnen würde, nicht dazu gehört. Er vertrete die Ansicht, dass eGaming nichts mit Sportförderung zu tun habe und dass man in dem Bereich allenfalls über Wirtschaftsförderung sprechen könne. Dies sei eher eine Sparte, die mit dem, was der organisierte Sport mache, überhaupt nichts zu tun habe."

---

* LSV, abgerufen am 14.01.2020: https://www.lsv-sh.de/presse-medien/artikel/landesregierung-sh-teilt-esports-position-von-lsvdosb/.

Eine Förderung hat es zwar gegeben, eine indirekte Anerkennung als Sport aber nicht.

Aber nicht alle Parteien folgen dem Meinungswechsel des Ministerpräsidenten. Der Südschleswigsche Wählerverband (SSW)* und die FDP bekennen sich klar zum eSports. Die FDP verlautbarte sogar, dass man Schleswig-Holstein zum eSports Land Nummer 1 machen wolle**:

„Die FDP erkennt an, dass eSport ein Teil unserer modernen Gesellschaft ist, der nicht wegdiskutiert werden kann. Richtig verstanden ist eSport zudem ein wichtiger Standortfaktor für Schleswig-Holstein. Nutzen wir daher die Chancen und Perspektiven des eSportes und gestalten wir ihn. Machen wir Schleswig-Holstein zum eSport-Land Nummer 1!"

Es wird deutlich, dass der politische Diskurs zum Thema eSports wichtig ist. Nicht zuletzt auch durch die Schaffung von Kontakten und Synergieeffekten zu Wirtschaft, Gesellschaft, Tourismus und anderen Bereichen. Wo das Pendel in der deutschen Politik aber abschließend hinzeigen wird, ist sehr schwer zu prognostizieren, dafür gab es schon zu viele „Paradigmenwechsel".

---

* Der SSW ist die Partei der dänischen Minderheit.

** Positionspapier der FDP-Landtagsfraktion: https://www.fdp-fraktion-sh.de/sites/default/files/2019-10/FDP-Positionspapier_eSport_0.pdf.

5.2 Förderung

Die in Schleswig-Holstein ausgelobte eSports-Förderung zeigt deutlich, warum die finanzielle Unterstützung des nicht-professionellen eSports wichtig ist und welche Art von Projekten und Konzepten angestoßen werden können.

2019/2020 entstanden unterschiedliche spannende Projekte im Land zwischen den Meeren, die ohne die Förderung von Landesseite nicht möglich gewesen wären.

Viele traditionelle Sportvereine haben eSports-Räumlichkeiten geschaffen.*

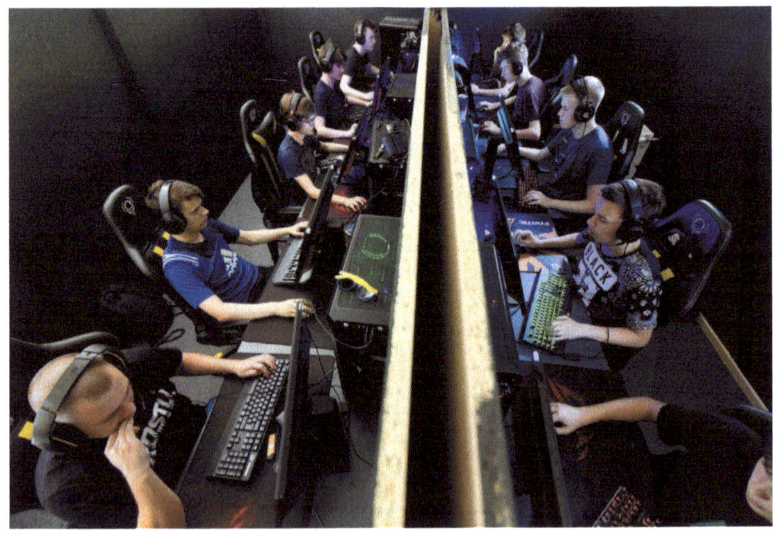

* Bild: Anthony Brolin, unsplash.com

Diese Räumlichkeiten sind direkt auf dem Vereinsgelände der jeweiligen Vereine entstanden, um klassischen und elektronischen Sport zusammenzuführen und Synergieeffekte zu nutzen.

In Flensburg ist das erste Leistungszentrum des Landes entstanden, das gleichzeitig auch als Vereinsheim des eSports Nord e.V. fungiert und von diesem betrieben wird. Der Verein kooperiert hierbei mit der deutschen Profiorganisation PENTA, die deutsche Meister und Weltmeister in ihren Reihen hält.

In der Landeshauptstadt Kiel wurde das erste offiziell geförderte Landeszentrum für eSports geschaffen. Dieses befindet sich direkt in der Kieler Innenstadt und wird nicht nur vom Land, sondern auch von der Stadt Kiel unterstützt.

Die Einrichtungen in Flensburg und Kiel fungieren als Know-How-Träger, als Basen zur Vermittlung von Wissen, Veranstaltungsstätten und Trainingseinrichtungen für Breitensportler.*

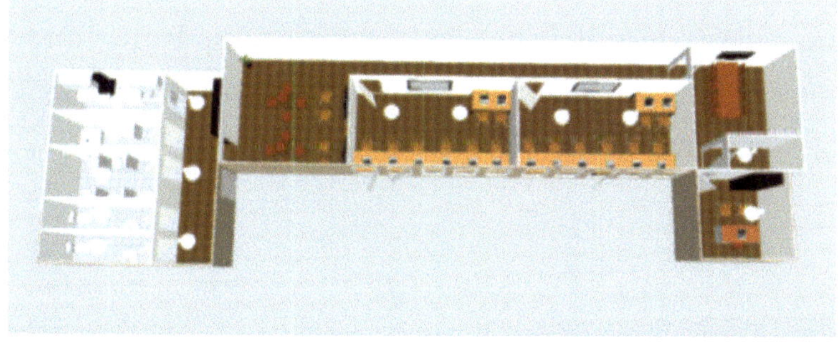

* 3D-Entwurf Leistungszentrum/Vereinsheim eSports Nord e.V., erstellt von Fabian Bornemann.

Eine großartige Projektidee wiederum ist bisher nicht umgesetzt worden: Eine eSports Akademie an der Fachhochschule Westküste in Heide. Eine derartige Einrichtung wäre eine hervorragende Möglichkeit, um den Hochschulstandort in Schleswig-Holstein aufzuwerten, die Forschung zum eSports zu intensivieren sowie Synergieeffekte zu anderen Branchen besser nutzbar zu machen.

Bedauerlicherweise hat die Staatskanzlei auch Monate nachdem ihr ein fertiges Konzept von der Fachhochschule aus Heide vorgelegt worden ist, nicht auf dieses reagiert.

Dennoch wird deutlich, dass mit Geldern aus einer Landesförderung sinnvolle Projekte angestoßen und umgesetzt werden können. Darüber hinaus wurden im nördlichsten Bundesland mit den Fördergeldern diverse Bildungsmöglichkeiten geschaffen.

5.3 Übersicht über Parteien

Um sich auf Bundesebene eine Übersicht über die Aussagen von Parteien zum eSports zu verschaffen, sind vor allem die Partei- und Wahlprogramme mit dem Stand von 2017 interessant, als es zu Bundestagswahlen gekommen ist.

Ist bleibt allerdings festzuhalten, dass Aussagen und Versprechen vor Wahlen oft sehr anders ausfallen, als Aussagen und Handlungen nach Wahlen.*

CDU

„Die Entwicklung des eSport begleiten wir positiv und sorgen für geeignete Rahmenbedingungen."

SPD

„Wir erkennen die wachsende Bedeutung der eSport-Landschaft in Deutschland an. Wir werden prüfen, ob und wie wir die Rahmenbedingungen für den eSport verbessern können."

Grüne

„Wir wollen die Computerspielekultur in ihrer Vielfalt und als eSport weiter stärken und prüfen, inwiefern sie als Sportart anerkannt werden kann."

Piraten

„Wir Piraten setzen uns ein für eine Anerkennung von eSport als Sportart auf nationaler Ebene."

---

* Kicker, abgerufen am 15.01.2020: https://www.kicker.de/706038/artikel.

Alle anderen Parteien halten sich auf Bundesebene bezüglich des Themas eSports eher bedeckt. Es wird aber auch deutlich, dass vor allem SPD und Grüne sehr schwammig formulieren. „Prüfen“ ist ein sehr weitgefasster Begriff und kann vom Nichtstun bis zur Umsetzung alles bedeuten.

Wie bereits eingangs bei diesem Artikel erwähnt, wurde das Ganze im Koalitionsvertrag von CDU, CSU und SPD dann zwar konkreter, aber leider ohne praktische Umsetzung.

5.4 Blick auf andere Länder

eSports ist bisher in circa dreißig Ländern voll anerkannt und in weiteren ungefähr dreißig Ländern mehr oder weniger anerkannt. Eine besondere Rolle spielen Südkorea und China, aber auch die USA. In diesen Ländern, insbesondere Südkorea, ist eSports bereits Volkssport und hat den Status, wie in Deutschland Fußball oder Handball.

Aber auch europäische Länder sehen eSports als Sportart: Schweden, Dänemark und Finnland etwa, aber auch Russland, Frankreich und Italien. Erstaunlich: Selbst Länder, die als wenig fortschrittlich gelten, erkennen eSports an, etwa Ägypten und Namibia.

Vor allem im asiatischen Raum ist die Anerkennung des eSports als Sport – mit allen positiven Begleiterscheinungen – sehr weit fortgeschritten und verbreitet.

6. Verbandswesen

Verbände arbeiteten im traditionellen Sport vor allem als Lobbyisten, Sammelorganisationen von Interessen und Dachorganisationen. Das ist im eSports nicht viel anders, allerdings ist die Relevanz von Verbänden im elektronischen Sport deutlich geringer. Mit einer Ausnahme: Der Korean e-Sports Association (KeSPA) in Südkorea.

6.1 Südkorea

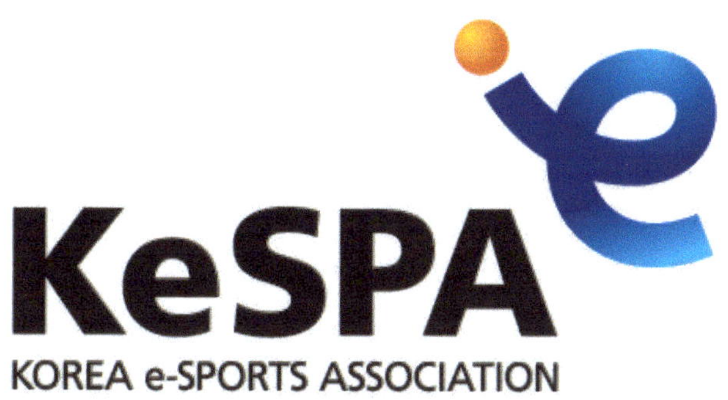

Die KeSPA* wurde bereits im Jahr 2000 gegründet und ist der südkoreanische Dachverband für den eSports. Die Gründung erfolgte unter anderem in Abstimmung mit dem südkoreanischen Ministerium für Kultur, Sport und Tourismus, sodass der Verband bereits von Beginn an einen offiziellen Status als solcher innehatte.

---

* Bild: Von KeSPA - http://www.e-sports.or.kr/news/Eng/headline_view.kea?m_code=news_10&seq=2&where=, Logo, https://de.wikipedia.org/w/index.php?curid=7328738.

Der Verband hat den eSports in dem ostasiatischen Land sehr stark vorangetrieben. Vor allem um das Echtzeitstrategiespiel StarCraft entstand in Südkorea eine ganze Industrie: Mit Fernsehsendern, Leistungszentren, Austragungsstätten und Printmedien.

Dabei steht der Verband auf eigenen und sehr gesunden finanziellen Füßen. Die KeSPA veranstaltet eigene Turnier- und Wettbewerbsserien, vergibt Übertragungsrechte und nimmt beratende Tätigkeiten wahr.

Aufgrund ihrer Historie sowie des gegenwärtigen Status in Südkorea und darüber hinaus, kann die KeSPA als weltweite Referenz in Sachen eSports-Verbänden gesehen werden.

6.2 Deutschland

Hierzulande hat man sich mit dem Verbandswesen im eSports immer schwergetan. Der jüngste Versuch der Etablierung eines Verbandes ist der eSport-Bund Deutschland (ESBD). Dieser sieht sich als Dachverband des deutschen eSports und ist im Jahre 2017 gegründet worden.

Dabei sind allerdings unterschiedliche Aspekte kritisch zu bewerten:

- Im ESBD sind nur gut 30 Mitglieder organisiert
- Große und wichtige Clans fehlen: SK Gaming, mousesports und PENTA

- Der Verband ist finanziell nicht unabhängig
- Es konnte mehr als zwei Jahre nach Gründung des Verbandes keines von dessen Kernzielen erreicht werden (Anerkennung des eSports als Sport sowie Förderung des eSports aufgrund dessen)

Abhilfe könnte der game – Verband der deutschen Games-Branche schaffen. Dieser Verband setzt sich für Spielentwickler und den Games-Standort Deutschland ein. Er genießt in Politik, Wirtschaft, der Gaming-Szene und auch dem eSports einen ausgezeichneten Ruf und verfügt über viel Know-How und Expertise.

Erste Schritte zur Unterstützung des eSports direkt aus dem game heraus wurden bereits unternommen. Der Verband beschäftigt eine verantwortliche Person für den eSports. Darüber hinaus engagiert sich der Verband auf vielen Ebenen für den elektronischen Sport. Mit der gamescom und anderen Konzepten steht der game auf eigenen Beinen und kann unabhängig agieren.

Mit dem Band „Fokus eSports“ publiziert der game-Verband außerdem ausgezeichnetes Grundlagenwissen zum Thema.

6.3 Rest der Welt

Die Landschaft an eSports-Verbänden ist weltweit inzwischen sehr umfassend und auch heterogen. Einige Verbände sind relativ erfolgreich, andere existieren eigentlich nur. Viele sind auch wieder verschwunden.

Das gemeinsame Ziel der meisten globalen, kontinentalen und nationalen Verbände: Die Anerkennung des eSports als Sport.

7. Nutzen von eSports

Die Chancen und der Nutzen von eSports sind sehr vielfältig. Das liegt zum einen daran, dass eSports primär von einer eher jungen Zielgruppe betrieben und konsumiert wird, zum anderen auch daran, dass innerhalb der Zielgruppe ein hohes Verständnis und eine große Affinität für Technik verbreitet sind.

Darüber hinaus bietet eSports vielerlei Möglichkeiten für Länder und Regionen, für Bildungsträger und Unternehmen, als auch für Politik und Wirtschaft.

7.1 Berufsbilder

In der deutschen Wirtschaft und auch Unternehmen anderer Nationen fehlen sehr häufig Fachkräfte, vor allem solche, die aus dem Bereich der MINT-Fächer* stammen.

Hier bietet eSports vielerlei Chancen, weil eSports und MINT-Fächer ein paar interessante Schnittstellen haben, um zum Beispiel Nachwuchskräfte anzusprechen:

- Bezug zu Technik und Informatik
- „Tüftler"-Arbeiten
- Forschung und Entwicklung

* MINT steht für Mathematik, Informatik, Naturwissenschaft und Technik.

- Zukunftsorientierung
- Kreatives und konzeptionelles Denken*

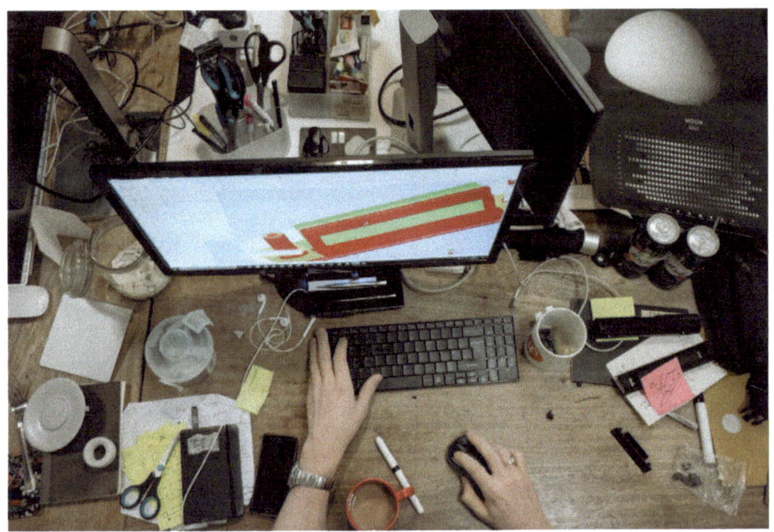

Hierzu gibt es bereits in China interessante Konzepte, die auf ein duales Studium setzen. Junge Talente können sich an Universitäten zu eSports-Profis ausbilden lassen – studieren aber gleichzeitig auch ein technisches Studium. Diejenigen, die es nicht auf die große Profibühne des eSports schaffen, haben so eine im Land gesuchte Qualifikation vorzuweisen.

Gerade für Konzepte des Personalmarketings und des Employer Brandings (Arbeitgebermarken) kann eSports ein sehr interessantes Instrument sein.

---

* Bild: Robert Bye, unsplash.com

Darüber hinaus entstehen auch durch den eSports selbst Berufsbilder und Jobchancen: Vom Eventmanagement, über den Profisport samt Trainern und Managern, bis hin zu Forschung und Wissenschaft.

7.2 Stadtentwicklung / Tourismus

Vor allem Profiturniere benötigen eine gute Infrastruktur, um funktionieren zu können. Es bedarf eines guten öffentlichen Nahverkehrs, Austragungsstätten, Übernachtungsmöglichkeiten, Restaurants, Diskotheken, Bars und Möglichkeiten zur ruhigen Zerstreuung, etwa Kulturstätten und Museen.

In Südkorea und China entstehen um eSports-Events herum inzwischen ganze Stadtteile, die hochmodern und zukunftsorientiert ausgestattet sind. Das sind langfristig Chancen, die sich auch für Europa im Hinblick auf die Modernisierung von Städten bieten.

7.3 Digitalisierung

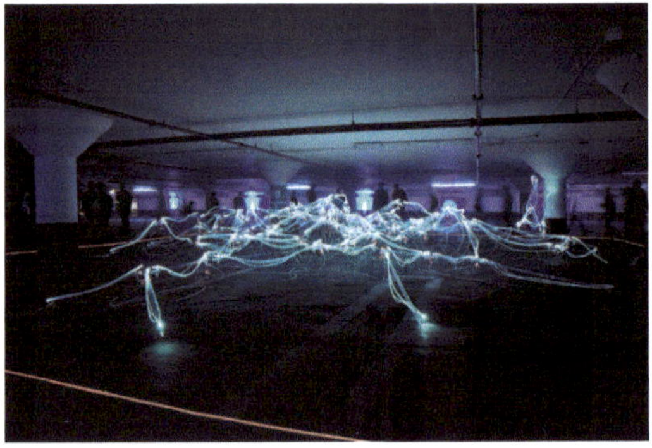

Die Digitalisierung schreitet in allen Lebensbereichen voran.*

Industriezweige, Produktionsprozesse, die medizinische Versorgung, Bankensysteme, das Versicherungswesen, das Verlagswesen und viele weitere Branchen, Prozesse und Wirtschaftszweige werden zunehmend digitalisiert. Das geschieht beispielsweise, um Prozesse zu beschleunigen und zu vereinfachen oder aber, um die Fehleranfälligkeit zu minimieren.

Als vorwiegend digitales Phänomen bietet der eSports für die Digitalisierung in allen Feldern erhebliche Chancen und Lernpotenziale:

- Nutzen-Risiko-Abwägungen
- Wissenstransfer
- Blaupausen

---

* Bild: Marius Masalar, unsplash.com

Dabei kann der eSports bereits auch auf historische Entwicklungen zurückblicken, etwa die zunehmende Nutzung von Chatsystemen oder aber die Einführung von „Trusted“-Prinzipien in Ligen.*

eSports kann auch als direktes Instrument genutzt werden, um bestimmte Prozesse und Inhalte zu digitalisieren, beispielsweise, wenn man an Instrumente des Personalmarketings denkt.

7.4 Forschung

Da es sich beim Thema eSports um einen sehr heterogenen Themenkomplex handelt, sind die Forschungsfelder sehr vielfältig:

- Ludologie (Spielwissenschaft)
- Geschäftsmodelle
- Pricing (Freemium und anderes)
- Soziales Verhalten im Internet (Soziologie)
- Medienkompetenz bei Jugendlichen
- Veränderung: Vom Amateur zum Profi
- Historie: Clans, Veranstalter und Verbände

Das als ein paar wenige Beispiele für Forschungsgebiete im Bereich eSports.

---

* „Trusted“ ist ein Prinzip, bei dem die echte Identität eines Spielers bei einem Ligabetreiber hinterlegt wird, um schlechtem Verhalten oder Betrügereien vorzubeugen.

Die Forschung und wissenschaftliche Arbeit zum Thema sind enorm wichtig. Einerseits, um das Thema für die Gesellschaft, die Wirtschaft und die Politik zugänglicher zu machen und Diskussionen zu objektivieren, andererseits aber auch, um Lernpotenziale und Anwendungsmöglichkeiten für andere Branchen zu generieren.

7.5 Klassischer Sport

Während der DOSB den eSports oft noch als Gefahr für den klassischen Sport wahrnimmt, wäre eine harmonische Verschmelzung von traditionellem und elektronischem Sport an vielen Stellen erstrebenswert. Hierdurch könnten beide Seiten vielerlei Synergieeffekte nutzen.*

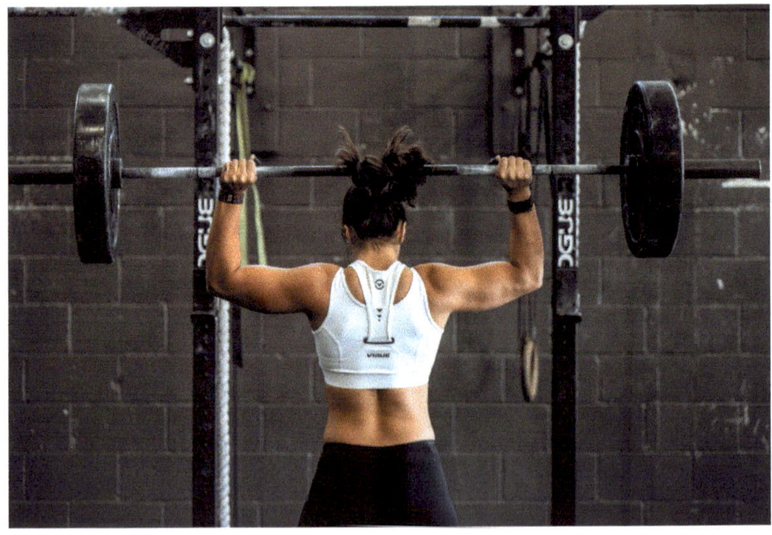

* Bild: John Arano, unsplash.com

Viele traditionelle Sportvereine haben mit erheblichen Nachwuchsproblemen zu kämpfen. Viele junge Menschen finden nicht mehr den Weg zu solchen Vereinen. Der eSports könnte hier Abhilfe schaffen, in dem eSports-Strukturen in traditionellen Sportvereinen geschaffen werden. So könnte man die Breiten-eSportler auch gleichzeitig für den klassischen Sport begeistern, indem man ihnen Möglichkeiten aufzeigt und Probetrainings abhält.

Im Umkehrschluss würden die Breiten-eSportler auf diese Weise von Ausgleichssport und einem ganzheitlichen Training profitieren. Eine Win-Win-Situation für beide Seiten.

Darüber hinaus existieren vielerlei Lernpotenziale für beide Seiten – und das an sehr vielen Stellen. Für den traditionellen Sport etwa beim Thema Digitalisierung, für den eSports wiederum in Sachen Nachwuchsförderung oder Vereinsstruktur.

Ein Miteinander ist – wie so oft – auch beim Sport immer besser, als ein Gegeneinander.

8. Schattenseiten

Insgesamt ist der eSports ein sehr positiv zu bewertendes Phänomen. Wie bei allen anderen Sachen auch, existieren auch beim eSports ein paar wenige Schattenseiten, die in diesem Buch nicht unerwähnt bleiben sollten.

8.1 Doping

Was für den traditionellen Sport ein großes Problem ist, existiert leider auch im eSports, wenn auch in einem deutlich abgeschwächten Umfang: Doping.

Dabei kamen in der Vergangenheit vor allem zwei Arten von Doping zum Einsatz: Substanzen, die die Reaktionsgeschwindigkeit fördern und Substanzen, die die Konzentrationsfähigkeit erhöhen.

Im eSports wird sehr hart gegen Doping vorgegangen. Im Gegensatz zu vielen klassischen Sportarten, müssen Dopingsünder im eSports mit einer lebenslangen Sperre rechnen.

8.2 Cheating und Matchfixing

Das größte Problem im eSports sind Cheater.* Es gab in der Vergangenheit sehr namhafte Spieler, die sich im Nachhinein als Cheater herausgestellt haben. Das reicht bis hin zu Welt- und Europameistern.

* Ein Cheater ist jemand, der einen Cheat nutzt. Cheats sind Schummelprogramme, die beispielsweise für den Spieler zielen, ihn durch Wände schauen lassen oder die Spielkarte automatisch aufdecken.

Ein anderes Problem ist das Matchfixing*, das auch aus dem traditionellen Sport bekannt ist und vor allem dadurch entstanden ist, dass es möglich ist auf den Ausgang von Partien zu wetten.

Auch beim Cheating und Matchfixing müssen Spieler im eSports davon ausgehen, für den Rest ihres Lebens von allen Wettbewerben ausgeschlossen zu werden.

Ich persönlich begrüße das harte Vorgehen der meisten Veranstalter und Spielehersteller gegen Dopingsünder, Cheater und Matchfixer sehr.

---

* Matchfixing bedeutet, dass der Ausgang einer Partei von vorneherein festgelegt oder einseitig von einem Team und/oder Schiedsrichter auf unfaire Weise beeinflusst wird.

9. Fazit

Der elektronische Sport ist ein Phänomen, das sich leider immer noch vielen Vorurteilen von Menschen ausgesetzt sieht, die sich nicht eingehend mit der Thematik beschäftigt haben.

Dabei sind die Chancen, Potenziale und der Nutzen des eSports für die Gesellschaft, Berufsbilder, Wirtschaft, Stadtentwicklung, Tourismus und Forschung immens. Gleiches gilt für den traditionellen Sport, der massiv vom eSports profitieren könnte, wenn vermehrt Synergieeffekte genutzt werden würden.

Darüber hinaus ergeben sich weitere Vorteile, die man aus dem eSports heraus generieren könnte. Man denke etwa an Schulen hinsichtlich der Vermittlung von Medienkompetenzen bei Kindern und Jugendlichen oder aber an die Schaffung von Trainerausbildungen für eSports-Coaches.

Insofern bleibt festzuhalten, dass der eSports in Summe ein deutlich positiv zu bewertendes Phänomen ist, dass zukünftig eine immer stärker werdende Rolle in Gesellschaft und Politik spielen wird – nicht zuletzt auch durch den demografischen Wandel.

Weitergehende Informationen - Buchtipp

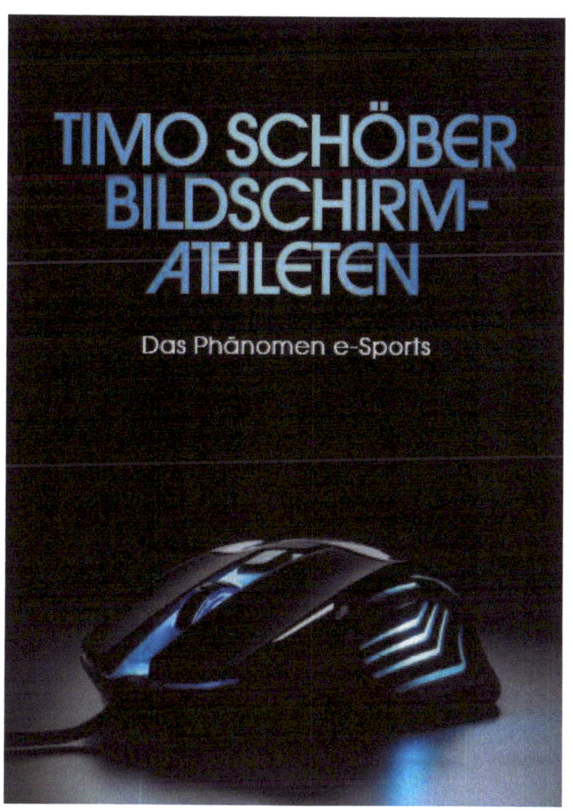

Bildschirm-Athleten von Timo Schöber

504 Seiten

Erschienen 2018

ISBN 978-3752830774

Weitergehende Informationen: Gaming-Grounds.de

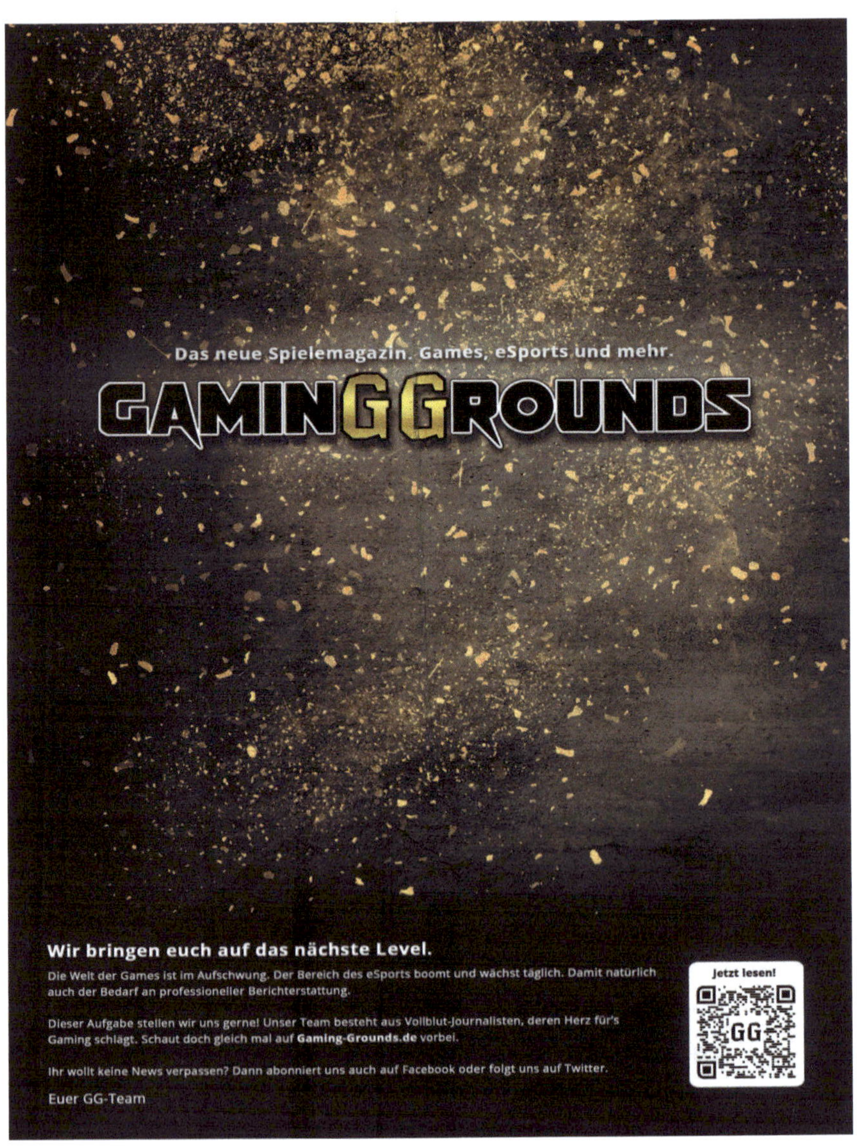